Mantra meets guitar

Mantras vom Dach der Welt

MANTRA MEETS GUITAR

Mantras vom Dach der Welt

Anneke Bouwman

Bibliografische Information der Deutschen Nationalbibliothek:
Die Deutsche Nationalbibliothek verzeichnet diese Publikation in der Deutschen Nationalbibliografie; detaillierte bibliografische
Daten sind im Internet über http://dnb.dnb.de abrufbar.
© 2020 Anneke Bouwman
Herstellung und Verlag: BoD – Books on Demand, Norderstedt
ISBN: 9783755748939

Inhaltsverzeichnis

Zuflucht	8
Om Ah Hung	11
Grüne Tara	13
Weiße Tara	15
Waves (instrumental)	16
Mindgames (instrumental)	17
Medizinbuddha	19
Happy Heart Mantra	20
Prajnaparamita	23
Lama Rinpotsche	25
Chenrezig	27
5 Elemente	28
Samadhi (instrumental)	30
Widmung	33
Die Mala	35

Mantras vom Dach der Welt

Das Sanskritwort „Mantra" besteht aus der Wurzel „man", das bedeutet „Geist", und der Nachsilbe „-tra", das heißt „Schutz" : ein Mittel, um den Geist vor störenden Gedanken und Emotionen zu schützen. Mantras findet man in allen spirituellen Traditionen Indiens und weit darüber hinaus. In diesem Heft finden Sie Mantras aus der buddhistisch-tibetischen Tradition: meine spirituelle Heimat.

Das Singen/Rezitieren von Mantras ist eine wunderschöne, freudevolle Methode, um sich zu beruhigen, zu regenerieren, Stress abzubauen, den inneren Lärm zur Ruhe zu bringen, den Körper zu entspannen und einen positiven Geisteszustand hervorzurufen.

In der buddhistischen Praxis werden unterschiedliche Mantras gesungen, um bestimmte Qualitäten zu stärken, zu entwickeln. In der tibetischen Medizin werden sie auch als „Heilmaßnahme" eingesetzt.

Der Vorteil, in einer unbekannten Sprache wie Sanskrit zu singen ist, dass die Worte nicht mit Alltagserfahrungen und Vorurteilen behaftet sind. Mit offenem Geist und vom Herzen zu singen oder zu rezitieren ist eine ganz besondere Erfahrung. Die Wirkung spüren wir im Herzen. Sie geht über die Grenzen des Intellekts hinaus.

Zuflucht

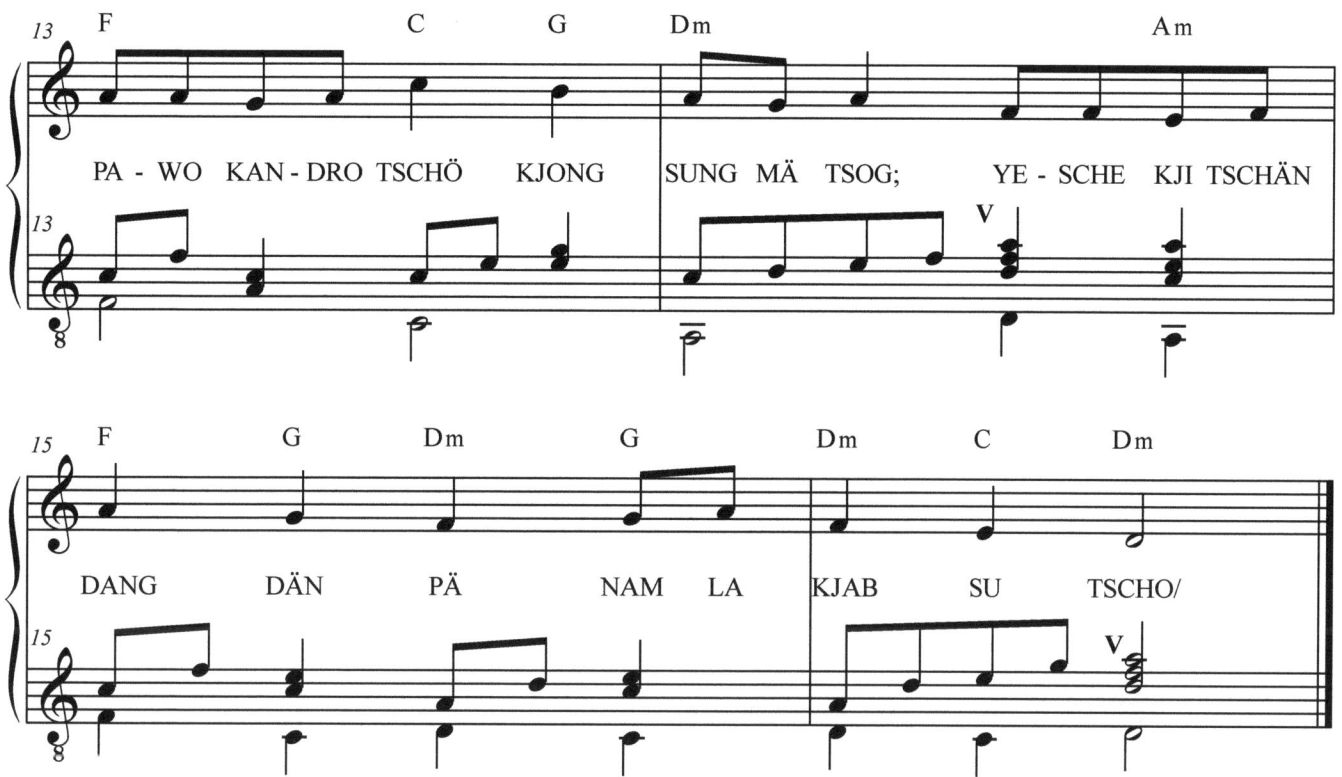

Wir allen suchen nach einem Sinn in unserem Leben. Manche suchen ihn im Beruf,
Hobby, Modetrends, usw. Unser Lebenstempo ist hoch und viele von uns leiden an Stress.
Das Bedürfnis nach einer Zuflucht, unabhängig von äußeren Umständen wächst.
Wir möchten unser Verständnis darüber vertiefen wie wir mehr Zufriedenheit,
innere Harmonie, Gelassenheit und Glück entwickeln können.

Hier geht es um die Zuflucht in die drei Juwelen:
Buddha, der uns als Lehrer den Weg vorgegangen ist,
Dharma, die Lehre und
Sangha, die Gemeinschaft der Praktizierenden.

Om Ah Hung

wird auch das Mutter-Mantra genannt, das alle andere Mantras beinhaltet.
Die drei Silben repräsentieren die drei Tore Körper, Rede und Geist.
Die Silbe OM steht in Verbindung zum Kopf-Chachra und dem Körper.
Die Farbe ist weiß.
Die Silbe AH steht in Verbindung zum Hals-Chakra und wirkt auf den Ausdruck, die Rede.
Die Farbe ist rot.
Die Silbe Hung ist die Silbe des Geistes, des Herzens.
Die Farbe ist blau.
Durch das Rezitieren der 3 Silben werden Körper, Rede und Geist
energetisch gereinigt und stabilisiert.

Om Ah Hung

Die Grüne Tara

Die Grüne Tara (die Grüne Befreierin), die wohl bedeutendste weibliche Göttin,
ist nicht nur in Tibet, sondern auch bei uns im Westen sehr populär.
Sie schützt vor großen Gefahren und kann auch zur Heilung von Krankheiten beitragen.

S. H., der Dalai Lama sagt: „Die grüne Tara repräsentiert die vollkommene Energie und die
Aktivität aller Buddhas. Sie veranschaulicht die spirituelle Kraft und das spirituelle Potenzial der
Frau und dient so Millionen von Frauen als Quelle tiefer Inspiration."

Om tare tuttare ture soha

Das Mantra befreit uns von Leiden und belastenden Gefühlen,
bietet Schutz vor Gefahren und Krankheiten und
bringt uns in Verbindung mit unserer eigenen inneren Stärke und inneren Güte.
Viele Mantras enden mit Soha, was bedeutet:
"Möge die Bedeutung des Mantra in meinem Herzen Wurzeln schlagen"

Grüne Tara-Mantra

Weiße Tara

Die weiße Tara könnte man als Schwester der grünen Tara betrachten.

Sie bewirkt Entspannung und Regeneration und bringt uns in Verbindung
mit der inneren Weisheit im Herzen: wir können Frieden mit uns selbst schließen.

Sie ist die innere Heilerin, die uns den Zugang zu der Heilweise, die für uns passend ist, öffnet.
Traditionell bedeutet sie Gesundheit und die Verlängerung der Lebenskraft.

Om Tare Tuttare ture
mama ayu punye Djana Pukting Kuru Soha

Ihr Mantra fängt an mit dem Wurzelmantra Om Tare Tuttare Soha
und wird erweitert durch ihre spezifische Bedeutung:
das Streben nach langem Leben, Güte, Weisheit, Glück etc.
Das Mantra kann, wie alle Mantras, natürlich auch für andere Menschen rezitiert werden.

Weiße Tara-Mantra

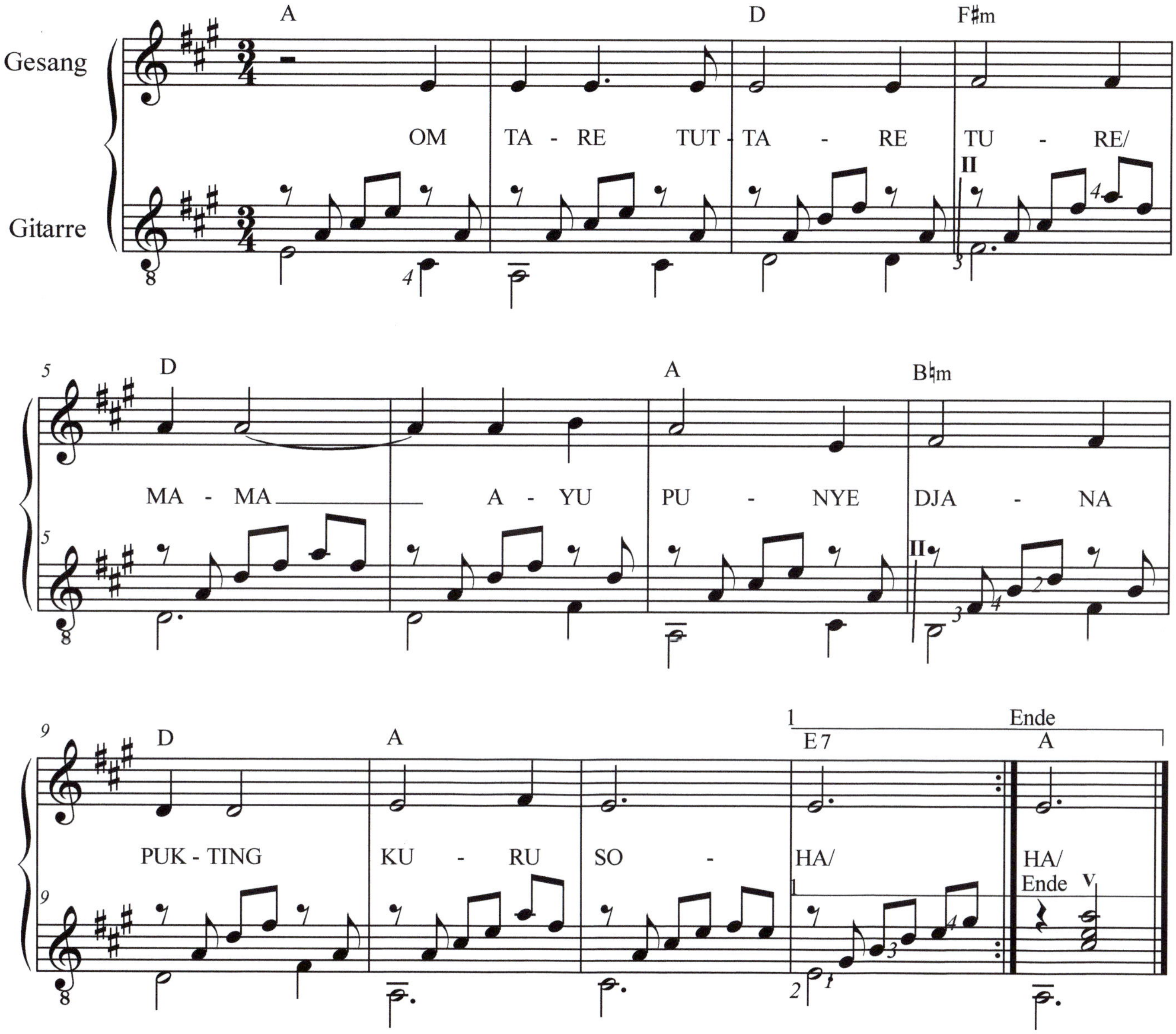
Gesang
Gitarre
A D F♯m
OM TA - RE TUT - TA - RE TU - RE/
D A B♮m
MA - MA A - YU PU - NYE DJA - NA
D A E7 A
PUK - TING KU - RU SO - HA/
Ende
HA/
Ende

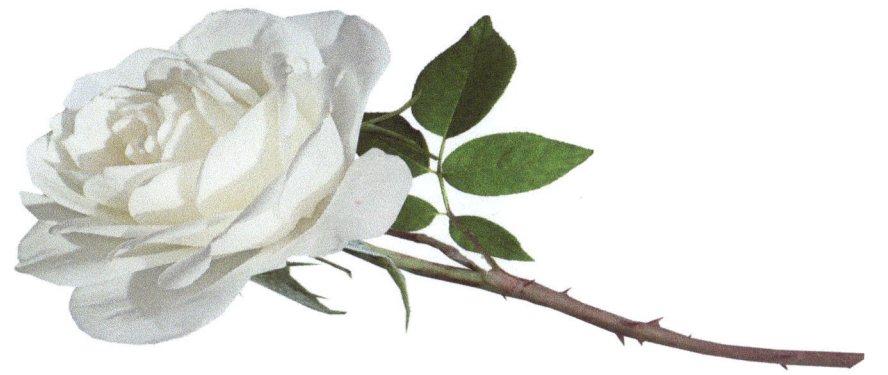

Waves

Gitarre

Mindgames

6=D

Gitarre

Medizinbuddha

Der Medizinbuddha ist der Buddha der Heilung und
spielt natürlich eine sehr wichtige Rolle in der tibetischen Medizin.
Die Mantra-Rezitation wird praktiziert, um den Heilungsprozess im Fall von Krankheit
zu unterstützen und die Heilmaßnahmen zu verstärken.

Teyata Om Bekanze Bekanze Maha Bekanze Radza Samudgate Soha.

„Ich verneige mich vor dem Heiler, dem königlichen Heiler, der den ganzen Weg gegangen ist.".

Mögen all die vielen Lebewesen,
die krank sind,
schnell von ihrer Krankheit erlöst sein.
Und mögen all die Krankheiten dieser Wesen
niemals wieder auftreten.

Medizinbuddha-Mantra

Happy Heart Mantra

Prajnaparamita

ist eine weibliche Gottheit, die als die Verkörperung der Worte des Buddha
und Sinnbild der Vollendung höchster Weisheit und Erkenntnis gilt.
Sie wird als „Mutter aller Buddhas aller Zeiten" bezeichnet.
Prajna/höchstes Wissen; Paramita/vollkommene Verwirklichung.

Das Mantra hilft Körper, Rede und Geist zu reinigen und ein höheres Bewusstsein zu entwickeln:
die transzendente Weisheit, die in uns selbst zu finden ist.

Gate gate paragate parassamgate bodhi soha

Prajnaparamita-Mantra

Lama Rinpoche

Ein Gebet an den Lehrer, womit man eine besondere Verbindung hat.

Es gibt aber auch der Lehrer oder Lehrerin in uns, womit wir
in Kontakt treten können wenn wir in die Stille gehen, wenn der Verstand
etwas zurückweicht und ruhiger wird, wo unser Ego zurücktreten kann.
Da finden wir die Quelle der Weisheit und sind im Einklang mit ihr.

Vertrauen und Hingabe helfen uns den Buddha in uns zu erwecken.

Lama Rinpoche

Avalokitesvara oder Chenrezig (Tibetisch)

Das Mitgefühl Avalokitesvaras ist unbegrenzt und allumfassend und soll
allen Wesen helfen in Einklang mit ihrem wahren Selbst zu kommen.
Er kann uns helfen beim Überwinden von Leid und Schmerz.
Chenrezig ist die Schutzgottheit von Tibet und hat damit eine große Bedeutung für die Tibeter.

Om Mani Padme Hum – Om Mani Peme Hung (tibetische Ausprache)

Oh Juwel im Lotus.

Om Mani Peme Hung

Mantra der 5 Elemente

Die 5 Elemente (Erde, Wasser, Feuer, Wind und Raum)

sind in allen Aspekten des Lebens vertreten: auf Körper-Ebene, Persönlichkeits- und Umwelt-Ebene.
Wenn die 5 Elemente in Harmonie sind fühlen wir uns gut, sind ausgeglichen und gesund.
Auf Umwelt-Ebene sind die Elemente sichtbar und spürbar aus dem Gleichgewicht geraten.
Das Singen dieses Mantra hilft uns, das Gleichgewicht wiederherzustellen und kann eine
Chance bieten, auf intensive Weise erneut in Verbindung mit der Natur zu treten.

Samadhi

Widmung

Mögen die Lehren der Buddhas gedeien und sich überal verbreiten;

mögen die Wünsche aller Halter der Lehren sich erfüllen;

mögen alle Wesen von jeglichen widrigen Umständen befreit sein und

mögen sie alles Vortreffliche erhalten, so wie sie es sich wünschen.

Warum eine Widmung?

Die Widmung ist eine positive Bekräftigung unserer Handlungen, guten Gedanken und hier: das Singen von Mantras. Wir widmen mit dem Wunsch, dass es Gutes für die anderen und auch für uns selbst bewirken möge. Die Widmung ist eine große Kraft, die das Herz weit und offen macht. Wir multiplizieren unsere guten Erfahrungen bis ins Unendliche und werden damit Teil etwas Größeren. Ein schöner Gedanke!

Widmung

Die Mala

In vielen Kulturen und Religionen werden Gebetsketten seit vielen Jahrhunderten verwendet. Bei den Katholiken ist es der Rosenkranz, im Islam die Misbaha und im Buddhismus und Hinduismus die Mala.

Die Mala hat 108 Perlen. Sie verweisen im Buddhismus auf die 108 Bänder des Kanjurs worin die Lehren des Buddhas erfasst sind. Die Mala hat eine größere Perle: die Guruperle, Symbol der Erleuchtung. Gleichzeitig markiert die Guru Perle den Beginn, Wende- und Endpunkt der Meditationskette und wird nicht als Gebetsperle mitgezählt.

Die Rezitation

Die Zählung beginnt stets mit einer der beiden Perlen direkt neben der Guru-Perle. Nach 108 Wiederholungen erreicht man wieder die Guru-Perle, die selbst nicht mitgezählt wird. Dann wird die Kette umgedreht, und man zählt erneut in umgekehrter Richtung. Die Mala wird üblicherweise mit dem Daumen im Uhrzeigersinn gedreht und in der linken Hand gehalten.

Wenn du eine Mala Perle um Perle durch deine Finger gleiten lässt, unterstützt sie dich dabei, in die Stille zu kommen. Körper (Drehen der Mala), Rede (Mantra) und Geist (Sammlung) verbinden sich in einer meditativen Versenkung.

Eine Mala ist nicht irgendwie eine Kette, deshalb ist es ratsam respektvoll und achtsam mit ihr umzugehen. Wenn die Mala nicht benutzt wird, kann sie in einem kleinen Stoffbeutel aufbewahrt werden.

Bildernachweis: Pixabay
          Bouwman